DISFRUTA DE UN
BAÑO DE BOSQUE

DISFRUTA DE UN
BAÑO DE BOSQUE

CÓMO DESPEJAR TU MENTE Y TUS SENTIDOS

Melanie Choukas-Bradley
Ilustraciones de Lieke van der Vorst

GG®

Título original: *The Joy of Forest Bathing. Reconnect with Wild Places & Rejuvenate Your Life*
Publicado originalmente en 2018 por Rock Point.

Diseño: Sami Christianson
Ilustraciones: Lieke van der Vorst

Traducción de Darío Giménez
Diseño de la cubierta: Toni Cabré/Editorial Gustavo Gili, SL

© Texto: Melanie Choukas-Bradley, 2018
© Ilustraciones: Lieke van der Vorst, 2018
© de la traducción: Darío Giménez, 2018
© de la edición castellana:
Editorial Gustavo Gili, SL, Barcelona, 2018

Printed in Slovenia
ISBN: 978-84-252-3163-6
Depósito legal: B. 20988-2018

Editorial Gustavo Gili, SL
Via Laietana 47, 2°, 08003 Barcelona, España. Tel. (+34) 933228161
Valle de Bravo 21, 53050 Naucalpan, México. Tel. (+52) 5555606011

Dedicado a mi padre, Michael Choukas Jr,
ornitólogo y persona de variados talentos,
que me enseñó que el rascador zarcero,
cuando canta, parece decir "Drink Your Tea"
('Bébete el té').

Y en recuerdo de mi madre,
Juanita May Crosby Choukas,
alegre y cumplidora, cuyo espíritu
pervive en sus adoradas flores.

ÍNDICE

INTRODUCCIÓN

¿Tienes algún recuerdo de la infancia de haber sentido esa sensación de quedar completamente abrumado por el encanto de la naturaleza?

Los míos me retrotraen a la primera vez que contemplé un copo de nieve perfecto. Volvía de la escuela a casa por un camino que atravesaba el bosque, cuando un cristal de nieve solitario aterrizó sobre una piedra oscura y plana justo delante de mí. Era una versión en miniatura, con un intrincado dibujo, de los copos de nieve que recortábamos en papel plegado en el colegio. Me arrodillé y observé cómo seguían cayendo del cielo más copos iguales, que aterrizaban sobre las piedras, todos ellos perfectos, todos únicos, aunque quizás ninguno tan perfecto como el primero. ¿Estaría por entonces en la guardería, en primer curso del colegio, en segundo? El recuerdo del copo de nieve ocupa un lugar especial en mi mente, que solo está conectado con el cielo desde el que caían aquellos cristales y con la piedra sobre la que aterrizaban.

El carácter casi onírico de ese recuerdo se parece al del resto de recuerdos que conservo de mi fascinación infantil por la naturaleza: descubrir las primeras flores silvestres del bosque justo cuando empieza a fundirse la nieve en primavera; contemplar el follaje de un abedul recortado contra el cielo tumbada sobre un lecho de musgo; sumergirme en las frías olas del mar y enterrarme después en la arena cálida de la playa; recoger una hoja caída de arce, con su intenso rojo otoñal, y llevármela a casa para plancharla entre dos hojas de papel encerado. Aunque estos cautivadores recuerdos abundan en colores y otros detalles sobre el entorno, no parecen estar relacionados con las circunstancias de mi vida de aquel entonces. Un aroma, un sonido o una visión determinados, así como una sensación general de bienestar, pueden hacer resurgir fácilmente esos recuerdos de la infancia sobre la naturaleza.

Hace ya varios años, uno de mis alumnos de los talleres de campo sobre historia natural me trajo un artículo sobre una cosa llamada *shinrin-yoku*, o "baños de bosque", que tenía su origen en Japón. Reconocí al instante lo que significaba aquella frase, todo mi ser se relajó y me pareció que mi cuerpo entero sonreía. El baño de bosque se definía como una inmersión sensorial plena en la belleza y el encanto de la naturaleza.

Me alegré de haber encontrado un nombre que ponerle a aquellos momentos de inmersión en la naturaleza que me habían cautivado durante toda mi vida, desde la infancia, y me alegré de enterarme de que, en el otro extremo del mundo, había gente que practicaba el baño de bosque como disciplina, igual que se practica yoga, taichí o meditación. Quise averiguarlo todo sobre los baños de bosque y al poco tiempo estaba a bordo de un avión rumbo a California para asistir a un paseo de baño forestal en versión norteamericana. A los pocos meses empecé a formarme como guía de terapia forestal y de la naturaleza, para aprender a dirigir yo misma esos paseos.

En tanto que naturalista y autora de varios libros sobre historia natural, llevaba ya años organizando paseos por la naturaleza y excursiones forestales por Washington DC y sus alrededores. Llegada a aquel punto, me di cuenta de que, para mí, los momentos más significativos de aquellos paseos eran los dedicados a identificar plantas. Eran verdaderos instantes de reverencia colectiva, en los que todo el mundo guarda silencio y se rinde ante la belleza y la fascinación del momento. En un típico recorrido por la naturaleza, esa clase de momentos pueden darse de vez en cuando; sin embargo, en un baño de bosque, lo esencial de la experiencia está en entregarse en silencio a esa belleza y a esa fascinación.

Ahora llevo ya varios años dirigiendo paseos de baños de bosque y he estado en Japón con un grupito de guías norteamericanos de terapia forestal, para asistir a paseos dirigidos por guías japoneses de *shinrin-yoku*. Las experiencias de baños de bosque que he compartido con centenares de personas me han convencido de que esta práctica puede aportar disfrute, salud y felicidad a la vida de cualquiera, sin importar su edad, su forma física o su lugar de residencia.

FORMAMOS PARTE DE LA NATURALEZA

Nuestros ancestros no tenían centros comerciales, ni rascacielos, ni fábricas, ni coches, ni aviones, ni aparatos electrónicos. En el cómputo general de la evolución humana, todas esas cosas llevan con nosotros tan solo el equivalente a un pestañeo. Hoy los edificios son más altos que los árboles, los aviones vuelan por encima de cualquier ave, las máquinas hacen más ruido que el viento o las cataratas, y la electrónica resulta más tentadora que las ramitas, los brotes, las flores y las hojas. Si no estuviésemos tan absorbidos por las innovaciones desarrolladas en los dos últimos siglos, ¿en qué centraríamos nuestra atención?

Entonces, nuestros antepasados agricultores vivían en sintonía con el clima y con las estaciones, de un modo tan pragmático como celebratorio. De las plantas y otras fuentes naturales obtenían su medicina y su alimentación. Muchas culturas decoraban con motivos naturales sus utensilios de cocina, sus hogares y sus lugares de culto.

En el idioma alemán existe un término maravilloso e intraducible para designar la sensación de soledad que se experimenta estando solo en el bosque: *Waldeinsamkeit*. Si *Waldeinsamkeit* se pudiese traducir, ¿resultaría un concepto universal, aplicable a algo que experimentaron muchos de nuestros antepasados? Tal vez sí. Tras haber descubierto recientemente este término, me enteré de que Ralph Waldo Emerson, filósofo estadounidense de la naturaleza, escribió un poema titulado precisamente *Waldeinsamkeit*, en el que ensalzaba el tiempo dedicado a entregarse en silencio a la espléndida belleza de la naturaleza.

Hoy hay mucha gente por todo el mundo que vive en estrecha armonía con la naturaleza, quizás tú tengas la suerte de ser una de esas personas. El término noruego *friluftsliv*, que podría traducirse como 'vivir al aire libre', designa la pasión de los escandinavos por disfrutar de la naturaleza. Aquellos de nosotros que hemos perdido en cierta medida la cercanía con la naturaleza no tenemos más que observar a nuestros hermanos pequeños, hijos o nietos, y recordar nuestra infancia para darnos cuenta de que el contacto con la naturaleza es un pasatiempo y un estado mental profundamente gratificantes. Si, en el ajetreo de nuestra vida, somos capaces de dedicar tiempo a estar en comunión con la naturaleza con la mayor frecuencia posible, ¿no estaremos más calmados y más sanos y no seremos más felices?

EL CONTACTO CON LA NATURALEZA NOS BENEFICIA

En 1982, la Agencia Forestal de Japón empezó a promocionar una práctica que denominaron *shinrin-yoku*. Se animaba a los urbanitas estresados y saturados por el trabajo de Tokio y otras ciudades a que abandonasen de vez en cuando el bullicio de los centros urbanos y dedicasen un rato a adentrarse tranquilamente en el bosque para relajarse y restablecer el equilibrio mental y la salud física.

El *shinrin-yoku*, arraigado en la ancestral reverencia que sienten los japoneses por la naturaleza, implica una inmersión sensorial plena en la belleza y el encanto de la naturaleza y de los árboles. Hoy existen en Japón numerosos bosques y rutas oficialmente designados para la práctica del *shinrin-yoku* y son cientos de miles las personas que cada año los transitan, deteniéndose a disfrutar de las flores, entrar en comunión con los árboles y escuchar cómo fluye el agua.

Si alguna vez tienes la fortuna de pasar un rato con un guía de *shinrin-yoku* en una ruta de terapia forestal, lo más

probable es que ya no albergues duda alguna sobre los beneficios de esa experiencia para tu salud. Los senderos cuentan con coloridos rótulos que recogen muchos años de investigación acumulada sobre los beneficios de los baños de bosque. Y también se puede uno medir la presión sanguínea, el pulso y otros signos vitales, antes y después del paseo.

Los doctores Yoshifumi Miyazaki, del Center for Environment, Health and Field Sciences de la Universidad de Chiba, y Qing Li, de la Nippon Medical School, han estudiado una serie de datos de salud recopilados en los bosques y parques japoneses. Sus equipos de investigación han observado que los baños de bosque reducen la presión sanguínea, la frecuencia cardiaca y la concentración de cortisol, que incrementan la variabilidad de la frecuencia cardiaca (y eso es bueno)

y que mejoran el estado de ánimo. Es incluso posible que los fitoncidios, compuestos volátiles que generan las plantas para protegerse de los patógenos, protejan también la salud humana al propagarse por el aire del bosque. Los estudios del doctor Li han demostrado que, al parecer, cuando absorbemos estos compuestos en el aire que respiramos, aumenta nuestra inmunidad frente al cáncer y otras enfermedades al incrementarse la cantidad de células NK (o "células asesinas", del inglés *natural killer cells*). Investigadores de Corea del Sur, China, Reino Unido, Europa y Estados Unidos han corroborado y reafirmado los beneficios físicos, mentales y emocionales derivados de pasar tiempo en la naturaleza.

Parece ser que los fitoncidios que emiten las grandes coníferas, como cedros y cipreses, son especialmente saludables, y los bosques de Japón albergan arboledas centenarias de cipreses hinoki y cedros japoneses, o *Cryptomeria* (conocidos como *sugi* en Japón).

Seguramente, tu propia experiencia corrobore esos datos y te persuada sobre los beneficios que tiene esta práctica para la salud . Cuando el guía te entrega una esterilla plateada (que parece algo así como una alfombra mágica), te indica que te tumbes bajo un viejo ciprés hinoki de corteza roja y empiezas a saborear las ocasionales gotas de agua de lluvia que te caen en la boca desde su copa, vas entendiendo que eso no solo hace que te sientas bien, sino que es probable que además ejerza un considerable efecto positivo en tu salud.

Durante mi viaje de terapia forestal a Japón, yo disfruté de muchos momentos de especial alegría. Siendo como soy

una persona que ha pasado gran parte de su vida en busca de la belleza natural, me entusiasmó visitar un país en cuyas carreteras aparecen carteles con seductoras imágenes de bosques que te dirigen a centros especialmente designados para practicar la terapia forestal. Los guías japoneses de *shinrin-yoku* —que nos llevaron al pequeño grupo de guías norteamericanos a dar paseos de baños de bosque por las cercanías de Tokio y a los Alpes japoneses— tampoco parecen haber perdido su capacidad de asombro y disfrute.

En el bosque sanador de Shinano-macho, al norte de Nagano, nuestros guías nos animaron a caminar por aguas gélidas y luego a chapotear descalzos en el barro, a abrazar a los árboles y a oler las flores, los frutos y las hojas, a convertir tallos huecos de plantas en silbatos y hasta a escuchar el agua remansada o corriente sumergiendo en ella un estetoscopio. Y antes, durante y después de todos los paseos, nos ofrecieron datos que demostraban los efectos beneficiosos de ese contacto con la naturaleza.

Todos nuestros guías de *shinrin-yoku* estaban bien versados en ecología y en las propiedades medicinales de las plantas

que crecen en sus bosques. Uno de ellos era licenciado en medicina y otro trabajaba en una empresa tecnológica de Tokio y dedicaba los fines de semana a dirigir paseos.

La infraestructura japonesa de baños de bosque es envidiable: los centros de terapia forestal ofrecen formación naturalística, investigación sobre salud e incluso cursos de trabajo de la madera y de confección de fideos soba; a lo largo de los senderos hay bancos inclinados diseñados específicamente para tumbarse a contemplar con toda comodidad el cielo de día o de noche, en el corazón de los bosques se alzan casas de té con fogones de leña, plataformas de madera para practicar yoga a la intemperie y hasta un tren de terapia forestal que enlaza con un sendero accesible para practicar baños de bosque en silla de ruedas.

Las antiguas tradiciones sintoístas, budistas y populares de Japón reverencian a la naturaleza y se prestan mucho a la práctica del baño de bosque. Se pueden encontrar pequeños altares sintoístas por todo el país, junto a senderos forestales remotos o apretujados entre un salón de *pachinko* y una tienda de alimentación en pleno corazón de Tokio.

Con frecuencia encontramos cerca árboles sagrados convertidos en altares, rodeados con una cuerda ritual y borlas que simbolizan la pureza. Los templos budistas están circundados de altos árboles y de espacios ajardinados cuidados con esmero. No es casualidad que haya surgido allí la práctica de los baños de bosque, en un país impregnado por la apreciación de la naturaleza y de la belleza de cada momento, y dedicado a conectar con ella.

Pero para darse un baño de bosque no hace falta viajar a Japón ni visitar el idílico enclave de los Alpes japoneses. Solo hace falta buscar un pedazo de terreno natural intacto (o poco trillado) para deleitarse con esta práctica. En este libro pretendo compartir lo que sé sobre los baños de bosque, o *shinrin-yoku*, que también se puede traducir como 'impregnarse de la atmósfera del bosque' (en este texto empleo como sinónimos los términos *baños de bosque*, *baños forestales*, *terapia forestal*, *terapia natural* y *shinrin-yoku* para referirme a la experiencia beneficiosa de disfrutar en calma de la naturaleza; esta práctica recibe también otros muchos nombres en las lenguas de las gentes de todo el mundo que están descubriendo sus beneficios). Voy a explicar los métodos que he aprendido para ayudarte a encontrar salud y felicidad en la naturaleza, y lo voy a hacer hablando desde la experiencia de toda una vida dedicada a buscar el disfrute sosegado de la naturaleza y a hallar solaz en campos, bosques, desiertos, montañas y playas. También voy a compartir mi vivencia como guía de terapia natural y forestal formada en la Association of Nature and Forest Therapy Guides and Programs (ANFT), con especial hincapié en el tiempo que pasé en los "bosques sanadores" de Japón.

CÓMO DARSE UN BAÑO DE BOSQUE

Lo mejor para iniciarse en los baños de bosque es acudir a un sitio que esté cerca de casa. Seguro que encuentras un paraje con tierra y árboles cerca de donde vives o del trabajo y puedes adoptarlo como tu "hogar silvestre" para practicar los baños de bosque. Lo ideal es que sea un entorno impoluto, con agua y aire limpios, pero si vives en una ciudad o un barrio periférico a lo mejor tienes que improvisar un poco para poder incorporar la práctica de los baños forestales a tu vida con regularidad. El lugar de terapia forestal que escojas puede consistir en una arboleda cercana, un parque o zona verde del barrio o incluso el jardín de tu casa. Si en tu vecindario no disfrutas de mucho acceso a zonas verdes, tendrás que alejarte un poco. En los paseos de baños de bosque no es necesario —ni siquiera es deseable— recorrer demasiado terreno, así que tampoco tiene que ser un espacio enorme.

En un paseo de tres horas, por ejemplo, no suelo recorrer más de un kilómetro y medio; y muchas veces, incluso menos. Si tu hogar silvestre está cerca de tu casa, podrás visitar ese lugar natural especial con mayor frecuencia. No obstante, los baños de bosque son beneficiosos aunque solo se practiquen de manera ocasional. Se han hecho estudios que demuestran que los beneficios para la salud de ese contacto con la naturaleza duran días o semanas. Lo ideal es que un paseo de terapia forestal dure al menos dos o tres horas, pero te puedes dar un baño de bosque aunque solo dispongas de veinte minutos para ello.

Un paseo de baño de bosque consta de tres partes principales, que explicaré a continuación: 1) desvincularse de la rutina diaria, 2) respirar profundamente y conectar con la naturaleza mediante una serie de actividades sosegadas o "invitaciones" y 3) transición de regreso a la vida cotidiana.

1.

DESVINCULARSE DE LA RUTINA DIARIA

Todos nos agobiamos con larguísimas listas de cosas pendientes. La mayoría dependemos de nuestros aparatos electrónicos, que nos facilitan maneras muy prácticas de mantenernos en contacto con nuestros amigos y colegas, pero que también nos mantienen atados a nuestras obligaciones y a las muchas veces deprimentes noticias diarias. No hace falta que te dejes el teléfono en casa, pero verás que lo mejor es poner el móvil en silencio mientras dura la experiencia del baño de bosque. Plantéate usar el ajuste de "modo avión" de tu teléfono como si fuera un "modo baño de bosque". Una vez que hayas desconectado y te hayas preparado para disfrutar del lugar de tu elección, podrá empezar la segunda parte de tu baño de bosque, que es también la principal.

2.

RESPIRAR PROFUNDAMENTE Y CONECTAR CON LA NATURALEZA MEDIANTE UNA SERIE DE ACTIVIDADES SOSEGADAS O "INVITACIONES"

Inspira poco a poco hasta llenar de aire los pulmones, mientras dejas que se expanda el abdomen. Detente unos instantes y luego espira también lentamente. Me gusta arrancar mis paseos, tanto los que hago en solitario como los que dirijo para grupos, con una deliciosa cita del estadounidense de origen escocés John Muir, conservacionista y filósofo de la naturaleza de finales del siglo XVIII y principios del XIX: "Otro glorioso día, con un aire tan delicioso para los pulmones como lo es el néctar para el paladar".[1] Es asombroso ver lo glorioso que se vuelve el día cuando uno así lo proclama e inhala las primeras bocanadas profundas de aire del bosque, del parque o del jardín.

La respiración profunda no solo te relaja y te calma la mente, sino que también te conecta con la vida circundante. Estás inhalando el oxígeno que producen las hojas de los árboles que te circundan y exhalando el dióxido de carbono que esos árboles y otras plantas necesitan para la fotosíntesis. Al respirar profundamente, sientes que se te relaja el cuerpo y percibes cómo empiezan a revelarse las maravillas que te rodean.

El baño de bosque puede hacerse de pie, caminando, sentado o tumbado en el suelo. Una vez que te hayas relajado mediante la respiración y hayas despejado tu mente y tu corazón, quedarás abierto a lo que los guías formados en la Association of Nature and Forest Therapy Guides and Programs (ANFT) hemos aprendido a llamar "los placeres de la presencia". Este ejercicio suele ser el primero de una serie de actividades o "invitaciones" que los guías van sugiriendo a lo largo de los paseos de baños forestales en grupo. Quédate de pie o siéntate en un lugar y céntrate en los placeres del momento: la sensación que te causa el aire en el rostro, los sonidos del viento y de las aves y también cualquier otro ruido urbano de origen humano; la fragancia que emana de la tierra y de los árboles y todos los deleites visuales que te rodean. En esos momentos, tal vez te apetezca cerrar brevemente los ojos. Cuando los abras, imagínate que contemplas el mundo por primera vez.

Una vez que te hayas relajado y acomodado a tu entorno, verás que percibes y sientes cosas que el ajetreo cotidiano te impide notar o advertir. Limítate a centrar tu mente en lo que se mueve a tu alrededor: hojas que tiemblan movidas por la brisa, aves que sobrevuelan las copas de los árboles, una araña posada sobre su tela o una hormiga que transita por el suelo. Cuando te concentres de manera consciente en lo que se mueve a tu alrededor, empezarás a sentir que formas parte de todo eso que ves. Esto puede sonar sencillo y obvio, pero se trata de una experiencia que exige concentración y que es muy intensa.

Pasado un rato, empieza a idear maneras de centrarte a través de los demás sentidos. Dedica un rato a dirigir tu atención a lo que oyes, tanto lo cercano como lo más distante. Puede que sintonices de manera especial con determinados cantos de pájaros, con las sutilezas del cambio de dirección del viento o con el sonido del agua en movimiento. En Japón, un guía de *shinrin-yoku* nos invitó a colocarnos de espaldas a un arroyo y a ponernos las manos haciendo pantalla delante de las orejas para ayudarnos a concentrar y a amplificar el sonido del agua sin mirar directamente hacia el arroyo.

El olfato y el tacto son sentidos muy potentes, y las plantas emiten fragancias sutiles y no tan sutiles y presentan variedad de texturas. Acércate todo lo que puedas para experimentar de verdad las sorprendentes plantas que sustentan tu vida en el planeta a través del proceso de fotosíntesis, su notable facultad de convertir la luz solar y el dióxido de carbono en alimento. Cuando te aproximas a las plantas y te familiarizas con ellas, también lo haces con sus visitantes: los que van a libar su néctar y a recoger polen de sus flores, los que van a alimentarse de sus hojas y los que se comen sus frutos y esparcen luego las semillas.

Aprende a reconocer las ortigas, el roble y la hiedra venenosos y cualquier planta que pueda causar algún daño, como dermatitis de contacto, para no temer aquellas otras plantas que sí puedes tocar y oler. Puedes investigar un poco por internet para buscar imágenes de aquellas plantas de tu zona que no conviene tocar directamente con las manos.

Si a lo largo de tu ruta de baños de bosque discurre algún curso de agua, fíjate en cómo fluye, en las cosas que se reflejan en su superficie y en los seres que viven bajo ella o en su cercanía. Entra en sintonía con sus apacibles sonidos. Si es agua limpia, tal vez te apetezca hundir en ella las manos o descalzarte (o ponerte calzado para el agua) y caminar por ella. A lo mejor hay una fuente de agua limpia que te permita beber en tu paseo de baño de bosque. Asegúrate de comprobar que el agua de cualquier fuente o manantial es potable antes de consumirla. Solo es seguro beber agua sin filtrar de arroyos del bosque en casos excepcionales, como en los montes de la isla japonesa de Yakushima, por ejemplo.

En determinado punto de tu paseo por el bosque puede que te veas atraído por piedras o conchas. Prueba a sostenerlas en las manos y a examinarlas, a conocerlas con los ojos abiertos y también cerrados. Me encanta sentir el peso de un guijarro en las manos y disfrutar de su tacto mientras lo sostengo ante mí y luego lo alzo por encima de mi cabeza. También me gusta sentir su contacto en mi rostro y mi frente. Si hay algo que me preocupa, me imagino que le pido a la piedra que absorba y retenga en su interior mis preocupaciones.

Una de las partes más gratificantes de un paseo de baño de bosque es la comunión con un árbol. Si paseas por un entorno desértico, puedes entrar en comunión con un cactus (aunque quizás no sea buena idea que lo abraces), una roca o cualquier otro objeto del desierto que te atraiga. Si estás en la playa, puede que atraigan tu atención algún tronco dejado por la marea o las plantas que crecen en las dunas. Puedes servirte de tu intuición para localizar el árbol o elemento natural con el que quieres entrar en comunión. Es posible que te veas atraído de manera inexplicable en determinada dirección o hacia un árbol en concreto. Déjate guiar por la intuición.

Cuando hayas encontrado tu árbol u otro elemento natural, dedícale tu atención un rato. Entra en comunión con él de la manera que te sea cómoda. Si es un árbol, siéntate con la espalda apoyada en él, túmbate bajo sus ramas o trepa por ellas; dale el consabido abrazo o haz todas estas cosas. Quizás quieras hablarle al árbol en voz alta o hacerlo en silencio y luego "escucharle". Conocer un árbol y después llegar a mantener una relación duradera con él —si crece en algún paraje cercano— es una de las conexiones más intensas con la naturaleza que puede mantener una persona. Si este tipo de experiencias son nuevas para ti, puede ocurrir que te sientas algo cohibido al principio, pero esa vergüenza acabará por desaparecer cuando pases cierto tiempo en compañía de tu árbol.

Durante el paseo terapéutico por el bosque, sírvete de tu imaginación para concebir otras maneras personales y únicas de conectar con el mundo natural que te rodea. Deja que el bosque te hable a través del corazón, de la mente y de todos tus sentidos. Puede que tu reacción a la belleza natural que te rodea sea de alegría, de diversión o de contemplación. Hasta puede que a veces te sobrecoja una tristeza inexplicable. Concédete la libertad de responder a tu entorno y a las emociones y recuerdos que evoca la experiencia. La naturaleza es capaz de remover muchas cosas en nuestro interior.

En muchas zonas del mundo, la segunda parte de un paseo guiado de baño de bosque finaliza con un rato a solas, sentado o tumbado en el suelo, para empaparte con calma de la belleza y la maravilla del entorno: la tierra, el cielo, los árboles y otros elementos de la naturaleza. Llegados a este punto, puede que te asombre la comodidad que se siente al sentarse o tumbarse sobre la tierra, en sosegada armonía con el mundo que te circunda. Puede que percibas que las aves y otros animales se sienten cómodos en tu presencia. Si has adoptado un hogar silvestre para darte tus baños de bosque, tu relación de intimidad con plantas y animales irá creciendo con el tiempo, a medida que vayas conociendo el lugar con el paso de las estaciones, en horas distintas del día y en diferentes condiciones climáticas. Cuando hayas pasado un rato en comunión con tu entorno, puedes emprender la tercera parte de tu paseo de terapia forestal.

3.

TRANSICIÓN DE REGRESO A LA VIDA COTIDIANA

Esta parte del paseo de baño de bosque consiste en dedicar un rato a interiorizar lo experimentado, tanto de modo corporal como espiritual, con el fin de ayudarte en la transición de regreso a tu vida cotidiana. Si practicas el baño de bosque a solas, te puede ayudar a hacerlo el simple hecho de tomarte una taza de té y algo de comer. También puedes cantar, recitar o leer un pasaje predilecto de algún texto, o escribir un *haiku*, un poema breve o una canción. Sentarte en silencio a solas durante unos minutos puede ser el cierre meditativo perfecto de un paseo de baño de bosque.

Después de cada actividad o invitación de un baño de bosque en grupo (como los "placeres de la presencia" o la "comunión con un árbol") y al término de cada paseo, muchos guías de baños de bosque piden a la gente que se coloque en círculo y comparta su experiencia con un "bastón de turno". El bastón de turno puede consistir en un simple palo o una bellota, una piña, una semilla, una pluma o un guijarro —cualquier cosa que se pueda encontrar dentro del círculo—, y la persona que lo sostiene en la mano tiene el turno de palabra. Yo suelo llevar taburetes plegables para todos los participantes en el baño de bosque para que podamos sentarnos cómodamente en círculo y compartir. Luego les pido que concentren sus pensamientos en un tema que puede estar más o menos relacionado con la actividad o invitación que hemos llevado a cabo previamente.

En el círculo, suelo invitar a la gente a compartir algo de lo que se sientan agradecidos justo en ese momento. Los participantes pueden hablar mientras tienen en su poder el bastón de turno, o pueden optar por pasárselo en silencio a la persona que tienen sentada o de pie al lado. Oír a los demás expresar sus sentimientos de gratitud y otras experiencias vividas en el bosque hace que la propia experiencia mejore y se amplifique.

Dado que la mayoría de las actividades de los paseos guiados consisten en experimentar la naturaleza a solas y en silencio —como percibir el movimiento de lo que te rodea, entrar en comunión con un árbol o descubrir algún tesoro de la naturaleza—, las reflexiones y observaciones que manifiestan los participantes proceden de un plano sumamente personal. No se trata de hablar por hablar o de cruzar opiniones, solo de compartir de manera colectiva y desde el corazón.

El bastón de turno es algo que se puede improvisar cuando se hacen baños de bosque en familia o con amigos. La actividad invita a lograr un grado más profundo de comunicación, imbuido de la alegría que causa estar juntos en el bosque. También permite conversar sobre experiencias que a menudo nos guardamos para nosotros mismos, porque se nos antojan demasiado esotéricas para una conversación corriente.

En Japón, los guías de baños de bosque invitan a los grupos a participar en actividades colectivas de meditación, como el trabajo de la madera o la confección de fideos soba. Es una actividad menos directa que la del bastón de turno, aunque brinda una experiencia colectiva relacionada con la alegría de estar en el bosque y ofrece una oportunidad de compartir y comunicar sensaciones sobre una actividad relacionada.

Los paseos guiados de terapia forestal parecen tener en todo el mundo un punto en común hacia el final de su práctica: el té. En Japón se sirve té de hierbas silvestres en casi todos los paseos. En un paseo por los Alpes japoneses, los guías nos sirvieron té en una estructura abierta de madera que había junto a un estanque. Una de las plantas silvestres que componían la infusión era una pariente cercana de un laurel silvestre que también se usa en Norteamérica para hacer té, el *spicebush*.

Para acompañar la infusión, los guías nos ofrecieron también fruta, castañas silvestres y tubérculos encurtidos japoneses, todo ello servido en unos adorables cuencos hechos a base de hojas.

Muchos guías de baños de bosque, formados para identificar con toda certeza y seguridad cualquier planta antes de infusionarla, llevan en la mochila un termo de agua caliente o un hornillo de gas para poder hacer té de hierbas con las plantas recolectadas por el camino. Yo muchas veces ofrezco savia pura de arce, fría o caliente, en unas tazas hechas de cedro japonés que compré en la isla de Yakushima. También hago circular entre los participantes dulces de jarabe de arce y nueces.

Si decides probar a preparar té de hierbas, cerciórate de que conoces bien las plantas que recolectas para no confundirlas con otras que sean tóxicas, además de asegurarte de que está permitido recogerlas en el bosque o parque por el que discurre el paseo. Coge solo las que necesites para preparar la infusión.

Mientras sirvo el té al término de mis paseos de baños de bosque, les pido a los participantes que lean algunos de mis poemas favoritos sobre la naturaleza: *Wild Geese* y *When I Am Among the Trees*, de Mary Oliver,[2] y *The peace of Wild Things*, de Wendell Berry.[3] También me gusta compartir citas de John Muir: "Solo salí para dar un paseo, pero acabé paseando hasta el atardecer, porque al salir me di cuenta de que, en realidad, entraba"[4] y "En todo paseo por la naturaleza, uno acaba recibiendo mucho más que lo que busca"[5]. Puedes optar por usar tus pasajes favoritos sobre naturaleza como colofón de tus paseos de terapia forestal.

Es de suma importancia tender un puente entre tu experiencia durante el baño de bosque y el regreso al mundo cotidiano. He observado que la gente muchas veces se muestra reticente a abandonar el bosque y el estado de profunda paz en el que se ha sumido. Tras el té y la poesía, invito a los participantes a hacer una última ronda con el bastón de turno y les pregunto: "¿Qué vas a llevarte de vuelta al mundo?". Esta pregunta inspira a la gente a plantearse modos de incorporar la paz y el regocijo que han hallado en el bosque a sus actividades diarias, para así enriquecer con ellos su vida y el mundo que los rodea.

Una campana puede ser un instrumento muy sencillo a la vez que potente para ayudar a la transición entre actividades o invitaciones y al regreso final al mundo cotidiano. Yo me suelo llevar un cuenco tibetano pequeño y lo hago sonar para dar la bienvenida a la gente al bosque y luego a modo de introducción en todas las invitaciones y círculos. Cuando lo hago sonar al final del paseo de baño de bosque, invita a un regreso sosegado al mundo.

BAÑOS DE BOSQUE: CON O SIN GUÍA

Si bien ahora soy guía acreditada de terapia forestal y natural, llevo haciendo baños de bosque desde bien pequeña, aunque sin ponerle ese nombre a la práctica. Siempre me ha parecido que la experiencia de deambular por los bosques o los campos es inherentemente rejuvenecedora y terapéutica y que me ayuda a librarme de mis preocupaciones cotidianas. Los baños de bosque en solitario brindan mucho disfrute, así como hacerlos en un pequeño grupo de familiares o amigos, siempre y cuando estos estén dispuestos a dejar a un lado las habituales conversaciones sobre las cuitas y los asuntos cotidianos y se centren en la belleza y el encanto del entorno natural, claro.

Si te apetece participar en un paseo guiado de baño de bosque, te recomiendo que investigues un poco para asegurarte de que tu guía ha recibido alguna formación al respecto o si viene recomendado por algún amigo o alguien que haya participado en baños de bosque previos. Los guías japoneses de *shinrin-yoku* se forman durante cerca de un año y también enseñan a guías de otras partes de Asia y de Europa. Los guías surcoreanos cuentan con amplia experiencia en terapia forestal, que en coreano recibe el nombre de *sanlimyok*. En otros países se están desarrollando también programas de certificación en terapia forestal. Los guías acreditados por la Association of Nature and Forest Therapy Guides and Programs de Estados Unidos asisten a un curso intensivo de una semana, seguido de unas prácticas de seis meses dirigidas por un mentor experimentado. En el momento de escribir este libro, había guías certificados de terapia forestal en veintiséis países de todos los continentes.

Los baños de bosque evolucionarán y presentarán muchas variaciones, como ha ocurrido con otras disciplinas, como el yoga y la meditación, al ser adoptadas por gentes y culturas distintas. Con una simple búsqueda en internet podrás encontrar guías de baños de bosque en tu zona, así como parques, spas y centros de retiro en la naturaleza que ofrecen esta actividad. Te sorprenderá la cantidad de oportunidades de practicar los baños de bosque que surgen cerca de donde vives.

QUÉ LLEVAR EN UN PASEO DE TERAPIA FORESTAL

Es importante sentirse cómodo y seguro en los paseos de baños de bosque. Vístete por capas para adaptarte al tiempo que haga y lleva ropa y calzado cómodo o botas de montaña. En algunos entornos —como la playa— puedes pasear con sandalias, chanclas o incluso descalzo, pero en la mayoría de los paseos de baños de bosque necesitarás llevar calzado resistente con buenas suelas. Puede que en ocasiones, durante el paseo, tu guía te anime a descalzarte, o que te apetezca hacerlo si paseas en solitario. Caminar con los pies descalzos sobre la tierra es a la vez agradable y terapéutico.

Abrígate más que cuando sales a hacer senderismo, ya que te vas a mover más despacio y habrá ratos en los que estés sentado. Lleva ropa impermeable si así lo aconseja el pronóstico del tiempo. Infórmate de si se prevén tormentas u otros fenómenos atmosféricos adversos y planifica tu paseo en consecuencia. Lleva protector solar y gorro o una pequeña sombrilla. Si vives en una zona donde haya garrapatas o insectos que piquen y que puedan transmitir enfermedades, probablemente convenga que lleves un espray repelente (convencional o a base de hierbas) y que compruebes después del paseo que no se te han adherido garrapatas. Lleva agua, algo de comer y lo necesario para preparar té. También puedes llevar algo para sentarte, como una manta, un cojín o un taburete plegable, así como una esterilla para tumbarte debajo de los árboles.

Es buena idea llevar a mano una lupa o lente de aumento para observar de cerca flores, insectos, copos de nieve u otros elementos de la naturaleza. Yo llevo una lupa de diez aumentos.

Si vas con guía, él o ella debería estar familiarizado con cualquier posible peligro natural y aconsejarte sobre cómo evitarlo y pasear con seguridad. Si vas a darte un baño de bosque a solas o con amigos, esta responsabilidad recaerá sobre ti. Puedes llevarte el teléfono móvil, pero lo mejor es apagarlo mientras dura el paseo, ya que desconectar de los dispositivos electrónicos es uno de los beneficios para la salud mental que procuran los baños de bosque.

Escoge una localización para la terapia forestal en la que estés razonablemente a salvo de robos y otros delitos mientras paseas y no dejes objetos de valor visibles en el coche. Si vas a darte un baño de bosque a solas, confía en tus instintos y actúa en consecuencia si ves peligrar tu seguridad. Pon a alguien en conocimiento de adónde vas a ir a pasear. Lleva un mapa y un silbato, así como una linterna si sales a pasear a última hora del día. También es buena idea llevar un pequeño botiquín básico.

Confío en que tengas cerca de casa alguna arboleda o zona verde para que puedas incorporar los baños de bosque a tu vida cotidiana. Si tienes que alejarte mucho, te animo a que practiques la terapia forestal siempre que puedas y allí donde puedas. El tiempo que dediques a desconectarte de aparatos electrónicos, a bajar el ritmo, a respirar profundamente y a centrar todos tus sentidos en la belleza natural hará que mejore tu salud y aportará felicidad a tu vida.

PASEO DE BAÑO DE BOSQUE

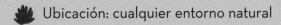 Ubicación: cualquier entorno natural

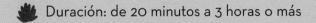 Duración: de 20 minutos a 3 horas o más

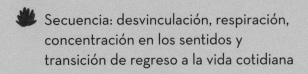 Secuencia: desvinculación, respiración, concentración en los sentidos y transición de regreso a la vida cotidiana

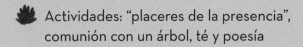 Actividades: "placeres de la presencia", comunión con un árbol, té y poesía

UN BAÑO DE BOSQUE EN CADA ESTACIÓN

INVIERNO

Esta mañana al levantarme me he encontrado una ligera nevada que parece polvo. Pequeños carámbanos penden del canalón del tejado que da al sur y cristales de nieve centelleantes cubren el tejado de nuestra galería acristalada. La nieve enharina las ramas desnudas del ginkgo y el follaje perenne de los cipreses de Leyland que se ven por la ventana. Los pájaros cantores vuelan en bandadas al comedero que hay en el jardín en cuanto les dejan las rechonchas ardillas grises. El sol se mantiene detrás de las nubes, que forman un capullo que envuelve nuestro mundo, y de vez en cuando una brisa hace volar parte de la nieve depositada en las ramas de los cipreses. iEsta mañana estoy haciendo un poco de terapia forestal desde mi mesa de trabajo!

Ayer por la tarde salí a caminar por el valle boscoso y agreste del arroyo que serpentea a través de mi ciudad. No había nieve en el suelo pero una tira de hielo blanquecino recorría las orillas del riachuelo. Qué distinto va a estar el paisaje del bosque cuando vuelva a ir esta misma tarde.

Me encanta dar paseos de terapia forestal por ese arroyo boscoso, mi "hogar silvestre", durante el atardecer de los días de invierno, cuando es más fácil oír los ecos de las fantasmales llamadas de los búhos resonando por todo el valle. Tengo que pellizcarme para recordarme que, mientras paseo bajo las copas de los altos árboles oyendo el ulular de los búhos, estoy justo en el centro de la ciudad.

Los baños de bosque en invierno ofrecen muchas maravillas específicas de esa estación, y huelga decir que si se vive en un lugar de clima frío, hay que vestirse adecuadamente. Arropándote bien, podrás disfrutar con comodidad de las siempre cambiantes condiciones del paisaje y la luz invernales. Puesto que en los baños de bosque nos movemos despacio, conviene ponerse una capa adicional de ropa, o bien imprimir un ritmo algo más rápido a esos paseos invernales de terapia forestal.

Cuando caen las últimas hojas del otoño, el paisaje se despeja de repente para desvelar nuevas vistas, y descubrirnos la arquitectura invernal de los árboles. El suelo queda alfombrado por las hojas recién caídas, que conservan su forma durante algún tiempo antes de empezar a descomponerse y a darle nueva vida al suelo. Cuando caen las primeras nieves de la temporada, los árboles, las rocas, las vallas, los puentes y otros elementos del paisaje destacan con mayor relieve y uno tiene la impresión de haberse puesto un par de gafas nuevas. Es una buena ocasión para cerrar los ojos en uno de esos "placeres de la presencia" y luego, al volverlos a abrir, imaginarte que contemplas el mundo por primera vez.

Los baños de bosque son una delicia antes, durante y después de una nevada (salvo cuando hay ventisca, claro), y no hay dos nevadas que sean iguales. Cuando se forma el hielo en estanques, lagos, ríos y arroyos, es posible que se conserve tal cual hasta el brusco deshielo de la primavera —como lo que describe Henry David Thoreau en el lago Walden— o que sus aguas se congelen y se fundan sus hielos varias veces. La danza invernal de agua y hielo es una de las cosas que más me gustan. Los sonidos que hace el agua cuando fluye a través del hielo o cuando lo lame en forma de olitas componen una variedad melódica infinita: música glacial.

Para quien tenga afición por el arte o la geometría, el sinfín de formas que adquieren los cristales de nieve y hielo le servirá para corroborar la naturaleza ordenada y artística del universo. Y observarlos a través de una lupa los hace todavía más asombrosos. Vivas donde vivas, esta estación del año te regala un tesoro de vistas, de sonidos y —sobre todo los días menos fríos o en los climas más cálidos— de olores.

Darse un baño de bosque entre árboles resulta especialmente fascinante en invierno. Los bosques de coníferas cargadas de nieve se exploran mejor con raquetas, patines de hielo —si vives en algún sitio donde las aguas se hielen— o esquíes de travesía. Puedes deslizarte esquiando a través de las sombras azuladas que proyectan piceas, abetos y pinos y escuchar el sonido del viento al pasar entre sus ramas.

Son también muchos los placeres de practicar la terapia forestal en bosques de árboles caducifolios o mixtos, en parques o en tu propio jardín. Los árboles de hoja caduca —con sus copas desnudas y las variadas texturas de su corteza— invitan a contemplarlos y apreciarlos sin fin.
La corteza de las hayas americanas, europeas y asiáticas es lisa y grisácea. Los plátanos de sombra, como los sicomoros de Norteamérica, tienen las ramas superiores blanquecinas.

Muchos fresnos tienen la corteza gruesa con muescas en forma de rombo, y la de los robles varía de muy fina y velluda a gruesa y marcadamente estriada. Seguro que las cortezas de los árboles de tu bosque más cercano son variadas y distintivas y que cambian en función de la luz y de si los árboles se ven expuestos a la lluvia o a la nieve.

Tal vez no te interese la identificación de los árboles, pero puedes apreciarlos plenamente en tus baños de bosque sin siquiera saber sus nombres, o ponerles nombres inventados a tu antojo. Tiene su gracia observar los rasgos invernales de los árboles para llegar a sintonizar plenamente con ellos. Si cuentas con algo de formación en ciencias naturales, sabrás que se puede identificar a los árboles caducifolios en invierno por muchos rasgos, además de por su corteza y su forma general. Cuando una hoja cae en otoño de su ramita, el tallo deja una marca en la rama que se conoce como rastro o traza foliar. Tanto la ubicación de dicha marca —que se halle en el lado opuesto de otro rastro foliar o que las marcas estén distribuidas de manera alterna— como su forma proporcionan pistas sobre la identidad del árbol.

Y más fascinantes y reveladores todavía resultan los brotes del árbol. Las plantas leñosas, árboles y arbustos forman sus brotes durante el verano previo, cuando la planta está cargada de los azúcares que ha generado y le sobra energía. Estos brotes se forman en los extremos de las ramitas o cerca de estos y también justo encima de los puntos donde los tallos de las hojas surgen de las ramas. Los brotes se mantienen en los árboles a lo largo de todo el otoño y el invierno, a la espera de abrirse en la primavera, cuando la planta retoña.

Los brotes invernales encarnan la esperanza de la vida renovada. Albergan todo el nuevo crecimiento del árbol —hojas, flores y ramas— en estado embrionario. Que sean capaces de soportar los demoledores vientos y tormentas invernales y las temperaturas heladoras es poco menos que milagroso. Y para el que practica los baños de bosque invernales, su observación constituye algo de lo más gratificante.

Todas las plantas leñosas presentan brotes de formas, texturas y colores diferenciados. En mi hogar silvestre, el estrato vegetal de sotobosque incluye el *spicebush*, un arbusto de laurel silvestre relacionado con la planta con la que los guías japoneses de *shinrin-yoku* preparan el té, y el *pawpaw* o asimina, cuyos frutos deleitan a la fauna y también a los humanos. De las ramitas del *spicebush* —que emite un aroma intenso y especiado cuando raspas su superficie— brotan unos capullos pequeños, redondos y de color amarillo verdoso que se abren a principios de la primavera en forma de espumosas flores amarillas. El *pawpaw* presenta brotes peludos de color granate. Los brotes de sus hojas parecen diminutos pinceles —se los ha llamado "pinceles de Audubon" porque se decía que el famoso naturalista y pintor de aves los usaba— y los capullos de sus flores son aterciopelados como las patas de un gatito.

Los brotes invernales de los árboles son fascinantes si te tomas la molestia de observarlos con detenimiento. Los brotes de nuestro tulípero autóctono parecen el pico de un pato, y cuando los he abierto en pleno invierno he visto que contienen, plegadas, hojas diminutas con forma de tulipa. Los del nogal americano *bitternut hickory* tienen forma de luna creciente y son de color mostaza, mientras que los de su pariente el *mockernut hickory* son mayores, con forma de huevo y de un precioso color beis. Las delicadas ramitas de los abedules que crecen a la orilla del arroyo que hay cerca de casa presentan una serie de pequeños y graciosos amentos en sus extremos, que son las flores macho del árbol en estado embrionario. Verás que cualquier abedul que haya en los bosques de tu zona tiene esos amentos durante el invierno, que bailan con la más suave brisa, a la espera de que aparezcan sus equivalentes hembras en primavera, cuando se abrirán para liberar el polen y generar nueva vida.

Entre los placeres de practicar terapia forestal entre árboles en invierno están el magnífico aspecto y el arte natural que forman las ramas recortadas contra el cielo y la posibilidad de observar de cerca ramitas y brotes. Hay muchas clases de árboles que también dan fruto en invierno, frutas carnosas como los caquis, que saben más dulces después de una helada, o más secas, como las sámaras de los arces, cuyas semillas aladas son llevadas por los aires y giran como las aspas de un helicóptero. Los plátanos de sombra, característicos por sus ramas blanquecinas y que se pueden ver en Londres, París, Tokio, Nueva York, Washington y muchas otras ciudades de todo el mundo, tienen unas esferas colgantes compuestas por multitud de apretados frutos de una sola semilla. Cuando estas esferas se abren con los vientos de finales del invierno y principios de la primavera, se observa que sus secos y diminutos frutos presentan una pelusa plumosa de color naranja pálido que los ayuda a sobrevolar ríos, parques y calles.

También se pueden contemplar las hierbas invernales e interactuar con ellas en los baños de bosque. Los tallos secos del solidago y de otras diversas clases de asteráceas contienen semillas peludas, más ligeras que el aire, que son transportadas por las brisas invernales. Muchas otras plantas tienen vainas que se abren y liberan sedosas semillas voladoras. Puedes ayudarlas a volar soplándolas; a los niños, sobre todo, les encanta hacerlo.

Los encuentros invernales con la fauna silvestre suelen depararnos sorpresas e intriga. En los bosques septentrionales puede que no haya tantas especies de aves en invierno como en verano, pero las que permanecen en ellos son mucho más fáciles de divisar en los árboles pelados. Un zorro recortado contra un campo nevado o un visón comiendo junto a un arroyo pueden ser emocionantes avistamientos. Seguir las huellas de animales por la nieve y descifrar las pistas que dejan son placeres especiales de los paseos invernales de baños de bosque. Pero no solo dejan rastro los animales. La naturalista Mary Holland publicó en su blog una foto misteriosa en la que se veía lo que parecían ser diminutas huellas de ruedas en la nieve. Más tarde desveló que las había dejado una piña al rodar cuesta abajo.

De todos los placeres de practicar la terapia forestal en invierno, acaso el más intenso sea la luz invernal, cuya contemplación es toda una delicia. Los amaneceres y atardeceres de invierno son notablemente hermosos. Contemplar la bóveda celeste de un vivo azul sobre el manto de una nevada reciente es algo que permanece en la memoria durante mucho tiempo, y las nubes invernales, ya sean algodonosas o parezcan jirones, se mueven con rapidez y son de una belleza pasmosa. En los climas más septentrionales, un regalo especial para la vista es la contemplación nocturna de las auroras boreales.

Si sintonizas con la luz invernal, una de las mayores gratificaciones que aporta es percibir su prolongación y su reducción. Si vives a cierta distancia del ecuador, cuando pasas tiempo al aire libre no puedes evitar advertir cómo se alarga la luz solar después del solsticio de invierno. Puedes llevar un registro de cómo se alargan los días apuntando las horas de salida y puesta del sol entre el solsticio de invierno y el equinoccio de primavera.

Otro motivo de disfrute que aporta la terapia forestal en invierno es la posibilidad de sentir cómo es el verdadero frío. Si te has abrigado bien para salir a explorar un paisaje invernal, participas tanto del frío mundo exterior como del cálido resguardo de tu mundo interior; ambos mundos, interior y exterior, quedan conectados por el vaho de tu respiración. Quizás te apetezca encender una fogata y disfrutar de una taza de té al final de tu paseo de baño de bosque. Si no tienes esa opción, piensa en el calor del hogar y en una bebida caliente para que su evocación te guíe de vuelta a casa. La hibernación es una parte importante y disfrutable del invierno y constituye un preludio de incubación para la primavera.

BAÑOS DE BOSQUE EN INVIERNO

🌿 Abrígate

🌿 Sintoniza con el paisaje invernal

🌿 Diviértete con las hierbas de invierno y las semillas voladoras

🌿 Observa rastros y escucha a las bandadas de aves invernales

🌿 Contempla la luz invernal

🌿 Disfruta de una fogata y de una bebida caliente

PRIMAVERA

Si llevas todo el invierno practicando los baños de bosque, te parecerá que las delicias de la terapia forestal en primavera se magnifican. El despertar de la primavera en las regiones templadas recuerda al nacimiento de un mamífero. Los días más cálidos propician que se derritan el hielo y la nieve, que crezcan los capullos y que los pájaros canten. Se puede sentir el despertar de la tierra. Luego, un frío repentino frena el avance de la estación. Ese proceso se repite muchas veces durante el despunte de la primavera.

Cuando practicas la terapia forestal en primavera es fácil que te sumas en un estado perpetuo de profundo asombro. Entre las visiones, sonidos y olores de la tierra al despertarse están el agua que vuelve a fluir, el canto de aves y ranas, las alfombras de vistosas flores silvestres, el estallido de capullos y brotes, y las evocadoras fragancias de todo lo que está naciendo. Cada día de primavera trae consigo nuevos milagros. Y todo ocurre muy deprisa. Se pueden observar cambios drásticos de un día para otro y, a veces, de una hora para otra.

Puedes hacer una escapada breve de tu horario cotidiano o —mejor aún— tomarte una semana de vacaciones durante la época de retoño, cuando los brotes de árboles y arbustos que se formaron durante el pasado verano de repente se abren y caen sus escamas al suelo al emerger las hojas y flores que ocultaban. El periodo de retoño primaveral es un proceso efímero y dinámico, y si miras para otro lado o te encierras a trabajar aunque solo sea una o dos semanas, te perderás su magia anual.

Del mismo modo que cada árbol tiene sus característicos brotes en invierno, al llegar la primavera también retoña siguiendo un estilo y una secuencia propios. Muchos cerezos, manzanos, melocotoneros, perales y magnolios asiáticos plantados en el Reino Unido, Europa, Norteamérica y otras partes del mundo tienen floraciones tempranas que nos deslumbran con repentinas nubes de colores pastel. Los brotes puntiagudos de las hayas se despliegan para formar espirales de hojas de un verde pálido, que al principio apuntan hacia el suelo como faldas de bailarinas. Las hojas de los tulíperos norteamericanos y asiáticos emergen de sus brotes apuntando al cielo, como si fueran manos de bebés que intentasen agarrar las nubes. Con el tiempo, pese a que parten de direcciones iniciales opuestas, las hojas de hayas y tulíperos alcanzan el equilibrio horizontal. Las hojas de los robles brotan como versiones en miniatura de su estado adulto, salvo en que pueden ser doradas, rojas o naranjas y componen una paleta de colores casi otoñal. A la par que retoñan las hojas del roble, los amentos de sus flores macho cubren el árbol y luego alfombran la tierra, la calle, la acera y los coches. Para aquel que se encamina con prisa al trabajo o para quien sufre de alergias, un coche cubierto de amentos de roble puede suponer un problema. Para quien da un paseo de terapia forestal, es una fuente de intenso embeleso.

Si te detienes a observar alguna colina o ladera a principios de la primavera, verás que está salpicada de frescos tonos amarillos, verdes amarillentos, rojos y naranjas, pero solo durante y justo después de la época de floración. Antes de que te des cuenta, el bosque adquiere un color verde primaveral uniforme, que luego se intensifica a medida que se acerca el verano. El poeta de Nueva Inglaterra Robert

Frost escribió un poema titulado *Nada dorado permanece* en el que retrata el fenómeno efímero anual de la floración primaveral. Su primer verso dice así: "El primer verde de la naturaleza es dorado, el tono que más le cuesta mantener".

Siempre me embarga un punto de melancolía cuando los primeros dorados de la primavera se convierten en los verdes de mediada la estación y del inicio del verano. Esas oleadas ocasionales de melancolía suelen ser habituales cuando uno armoniza de verdad con la naturaleza. Eso es algo que sabía el presidente estadounidense más conservacionista, Theodore Roosevelt, que escribió: "No hay palabras capaces de describir el espíritu oculto de la naturaleza, de revelar su misterio, su melancolía, su encanto".[6]

Puede que nada dorado permanezca, pero cuando el dorado ha desaparecido de los árboles al echar estos las hojas, la primavera en plenitud nos regala todo un botín de recompensas a quienes nos damos baños de bosque. La sandalia de la Virgen es una orquídea que florece en mayo cerca de mi casa, y el zorzal manchado regresa de las tierras semitropicales donde ha pasado el invierno para anidar en las copas verdes de nuestros árboles. Su canto melodioso parece salido directamente de la mitología, como una flauta del dios Pan dedicándole una serenata a la sandalia de la Virgen.

La primavera avanzada trae consigo la floración de las azaleas y el despliegue de las exuberantes frondas de los helechos en las zonas húmedas. El viento susurra a través de las hojas recién formadas y empieza el primer calor real y duradero que marca el preludio del verano. En medio de tanto despertar, es fácil que nos apetezca bailar en un claro del bosque o practicar yoga o taichí bajo el follaje de los árboles.

BAÑOS DE BOSQUE EN PRIMAVERA

- Disfruta de las visiones, los sonidos y los olores del arranque de la primavera

- Observa cómo retoñan los árboles y empiezan a crecer de nuevo

- Descubre alfombras de flores después de que se haya fundido la nieve

- Deléitate con las aguas del deshielo

- Observa la migración, el regreso y la anidación de las aves

- Escucha el canto de los pájaros y el croar de las ranas

VERANO

Una granja o finca agrícola puede ser un sitio estupendo para dar un paseo estival de baño de bosque entre campos abiertos y soleados y la fresca sombra de arboledas y setos. La granja Sugar Moon, cerca de donde vivo, es mi paraje preferido para practicar la terapia forestal en verano. El paisaje lo compone una almazuela de campos ondulantes y bosquecillos rocosos que se presta a la comunión en soledad con la naturaleza y a los paseos forestales guiados. Siempre empiezo los paseos por la granja en un campo situado junto a una fuente de la que nace un arroyo. En verano, el campo está cubierto de multitud de coloridas flores silvestres. Las flores atraen a mariposas y uno puede pasarse horas y horas contemplándolas libar en sus corolas. En mi experiencia, no hay angustia mental que pueda sobrevivir a treinta segundos de contemplación de las mariposas.

El granjero que siega la hierba a finales de la primavera deja enormes balas cilíndricas de paja que permanecen en el campo durante todo el verano. Subirse a ellas en un baño de bosque te brinda una diversión infantil, a la vez que inhalas el aroma del heno. Si te sientas en una de las balas, divisas una panorámica de los campos, los riachuelos y los bosques; si te tumbas encima, tienes la impresión de que estás planeando con los pájaros por el cielo estival.

Darte un baño de bosque se te puede hacer más natural durante el verano si es algo con lo que has estado familiarizado de manera inconsciente toda tu vida. Tumbarte en la arena junto al mar, un lago, un estanque, un río o un arroyo —o sencillamente recostarte en una hamaca en el jardín de tu casa— es un momento de inmersión en la naturaleza que puede considerarse también un baño de bosque. Chapotear con los pies descalzos o nadar en cualquier masa de agua natural es darse un baño de bosque en su sentido más literal. En Japón son muy apreciados los senderos de terapia forestal que discurren junto al agua, sobre todo cuando hay cascadas, no solo por sus vistas y sus sonidos, sino porque se cree que los iones negativos presentes en el aire junto a los saltos de agua son especialmente saludables.

Son muchos los placeres que te pueden tentar a caer en un estado de felicidad y sosiego durante el verano: el fluir del agua, el canto de las aves y el zumbido de los insectos, las flores de vivos colores y el verdor de las vistas. Si en verano te dedicas al jardín, al senderismo o a montar a caballo, en bici o en piragua, se te presentan muchas ocasiones para hacer una pausa e impregnarte de la belleza y el encanto del entorno. A mí me encanta hacer piragüismo alrededor de una isla del río que cruza mi ciudad, donde puedo observar el ir y venir de las mareas de río y escuchar los agudos chillidos de las águilas pescadoras cuando sobrevuelan las aguas en busca de peces. Si practicas los baños de bosque desde un kayak, puedes remar hasta la orilla y acercarte a las flores silvestres de brillantes tonalidades que se inclinan sobre las aguas. Alrededor de la isla de mi ciudad, garzas y garcetas permanecen estáticas como estatuas zen en los bajíos, y las tortugas toman el sol sobre cualquier tronco que encuentran. Mientras remo, libélulas y caballitos del diablo rodean mi piragua. Los edificios históricos de la ciudad se recortan en el horizonte, lo que compone una escena surrealista de entorno silvestre y urbano a la vez.

El verano es también la mejor época para disfrutar de los frutos de bosques y campos: moras, fresas, frambuesas y arándanos silvestres, además de cerezas y otras frutas de huerta como melocotones, ciruelas y peras. Dependiendo de la latitud en la que te encuentres, un placer estival especial puede ser ir en busca de setas. Si sabes lo suficiente de setas como para no tener problemas a la hora de reconocerlas, puedes recogerlas y luego llevarlas a casa para comerlas salteadas con un poco de aceite de oliva o mantequilla. Pero recoge setas solo si tienes experiencia.

Los baños de bosque nocturnos son una experiencia especialmente mágica en verano. Dependiendo de dónde vivas, el aire nocturno puede encenderse con los haces de luz que desprenden las luciérnagas e impregnarse de la dulce fragancia de la madreselva a la luz de la luna. Se pueden oír los potentes cantos de los grillos y el lastimero ulular de los búhos. Si vives en latitudes muy septentrionales, uno de los placeres que puedes saborear es el de disfrutar de la luz diurna hasta bien entrado el horario nocturno.

La magia de la salida y la puesta del sol y de la luna en verano, y la dulzura de las lluvias estivales se añaden también a las delicias de practicar los baños de bosque en esta estación. No hace falta quedarse bajo techo por el mero hecho de que llueva (excepto en circunstancias muy extremas). Como escribió Henry David Thoreau: "Merece la pena pasear con tiempo húmedo; la tierra y las hojas aparecen cubiertas de perlas".[7]

En todos los paseos de terapia forestal que dirijo en verano, le pido a alguien que lea el poema *The Summer Day*, de Mary Oliver, por su potente mensaje y su evocación del estado de ánimo propio de los baños de bosque. El poema ensalza el deambular feliz y despreocupado por los campos en verano.

BAÑOS DE BOSQUE EN VERANO

- Túmbate y siéntete volar con los pájaros

- Inhala la fragancia de las flores, las hierbas y el heno

- Disfruta de la sombra refrescante del follaje del bosque

- Contempla las mariposas en campos y jardines

- Descálzate y chapotea o nada en el agua

- Rema en piragua junto a una orilla

- Come bayas de verano, melocotones, ciruelas

- Disfruta de la luna y las estrellas del cielo estival

OTOÑO

La idea de un verano eterno es muy seductora, pero ¿quién no se estremece un poco con los primeros arrebatos del otoño, pese al toque melancólico que pueden traer consigo? John Muir escribió: "Asciende a las montañas y escucha sus buenas nuevas. Te embargará la paz de la naturaleza igual que el sol irradia su luz a los árboles. Los vientos te insuflarán su frescor y las tormentas su energía, y tus cuitas desaparecerán como caen las hojas del otoño".[8] El otoño es una época de fecundidad y de dejarse llevar.

La estación trae consigo días nítidos y colores vivos, manzanas y uvas maduras (y vino y sidra), bellotas que ruedan por los suelos y un frescor creciente y una luz menguante que nos empujan a buscar el calor del hogar. Es la época en la que las aves migratorias se encaminan a climas más cálidos y en la que se oyen los cantos potentes y agudos de los gansos en pleno vuelo.

El otoño, plagado de recuerdos infantiles de aquellos finales de verano y principios de curso, nos toca especialmente la fibra. Es un periodo espléndido para darse baños de bosque.

Los paseos de baños de bosque otoñales nos brindan mucho que contemplar y disfrutar: fugaces avistamientos de atareadas ardillas que almacenan comida para el invierno; los carnosos frutos que maduran en manzanos silvestres, viburnos, parras, cornejos, espinos y acebos, y las aves que se alimentan de ellos antes de emigrar o de quedarse a sobrellevar el largo y frío invierno; la abundancia de frutos secos, como bellotas, castañas y nueces, y el ruido que hacen al caer al suelo del bosque; los colores del follaje otoñal y los aromas terrosos de las hojas recién caídas. En las islas británicas, el otoño viene acompañado por la floración tardía del brezo. Menos conocidas son las demás flores del otoño, como el solidago y otras asteráceas, los girasoles y las diversas variantes que florecen en otoño de la familia de las mentas y las gencianas.

En tus paseos otoñales de baños de bosque te toparás con multitud de sorpresas llenas de color en cada recodo del camino. Además de la visible abundancia de la naturaleza, una sensación palpable del cambio estacional que se percibe en el aire es una mezcla de melancolía y excitación.

Una de las invitaciones que me gusta hacer en otoño durante los baños de bosque guiados es pedirle a la gente que se detenga a examinar la palabra *tesoro*. Luego les pido a los participantes que dediquen unos minutos a explorar, a buscar un tesoro o algo que quieran atesorar. Cuando regresan al círculo (como se explica en el primer capítulo), comparten con los demás los tesoros que han hallado. Hay quien trae alguna cosa física para compartir, como una bellota, una hoja caída o un tronco semidescompuesto de color marrón rojizo (un objeto de fascinación sorprendentemente universal). Otros describen tesoros menos tangibles, como un rayo de sol que atraviesa el follaje otoñal o el sonido que emiten los grillos al final de la estación. Esta invitación tiene especial trascendencia en otoño, quizás porque está en nuestro instinto almacenar provisiones antes de la llegada del frío invierno o quizás porque con la llegada del final del año manifestamos más nuestra gratitud por las riquezas de la naturaleza.

BAÑOS DE BOSQUE EN OTOÑO

- Deléitate con las vistas, los sonidos y los olores terrosos del bosque otoñal

- Déjate llevar por la excitación y la melancolía

- Goza las manzanas, la sidra, la uva y el vino

- Recoge hojas secas, flores de otoño, bellotas y otros tesoros

- Siente la emoción de la migración y la llamada del calor del hogar

CAPÍTULO

3

ACTIVIDADES COMPATIBLES

PRÁCTICAS DE MINDFULNESS

Los baños de bosque combinan de manera natural con el yoga, el taichí, la meditación y otras prácticas de mindfulness o atención plena. Las posturas de yoga y las figuras del taichí se prestan mucho a practicarlas al aire libre y al adoptarlas moviéndonos poco a poco se incrementa nuestra conciencia de la poesía del entorno. Puedes observar el bosque a través de tus piernas en la postura de yoga del "perro boca abajo" o encuadrar las nubes del cielo con las manos cuando haces el movimiento "manos como nubes" en taichí. Al tener bien afirmados los pies en la tierra y mover el cuerpo lentamente a través del aire, sientes una conexión vital y vibrante con la naturaleza. También la meditación se practica de manera muy natural al aire libre.

En un baño de bosque centrado en plantas aromáticas que hicimos en Okutama, Japón —a unas dos horas de tren al norte de Tokio—, nuestro guía de *shinrin-yoku* nos llevó por un sendero que ascendía abruptamente desde el centro de terapia forestal a través de un bosque caducifolio cargado de fragancias de flores y arbustos. Fuimos parándonos a menudo para inhalar todos aquellos aromas tan agradables y luego seguimos paseando entre bosquecillos de coníferas. Nos detuvimos a sentarnos y recostarnos en unos bancos largos, diseñados a propósito para contemplar el cielo. Sendero arriba, nos invitaron a entrar en una encantadora casa de té que tenía una estufa de leña y que se alzaba en medio del bosque. Después de más de una hora de andar despacio, llegamos a una plataforma de madera en medio de una arboleda de altos cipreses hinoki.

Cuando nuestro grupito llegó allí, en la plataforma nos esperaba una mujer joven sentada en posición de loto sobre una esterilla de yoga. Nos mostró una serie de esterillas que estaban enrolladas en el suelo bajo los árboles y nos indicó que las desplegásemos en la plataforma. Durante cerca de una hora nos guio por una sesión de yoga reparador, mientras respirábamos profundamente el aire impregnado de olor a ciprés hinoki, de demostradas propiedades potenciadoras del sistema inmunitario.

En otro paseo de terapia forestal, esta vez en lo más profundo de los Alpes japoneses, al norte de Nagano, nuestros guías se detuvieron junto a un estanque donde se reflejaban los picos montañosos más cercanos y nos dieron esterillas para que nos acomodásemos junto al agua. Otro instructor nos guio en una sesión de yoga reparador en la orilla de aquel estanque, ante los reflejos de las montañas.

Es probable que hayas visto grandes grupos de gente practicando yoga o taichí en alguno de los parques de tu ciudad. Ambas disciplinas se adaptan bien a las zonas verdes urbanas y a los espacios campestres de prácticamente cualquier parte del mundo.

Si has probado a meditar en interior y te cuesta, a lo mejor descubres que te resulta más fácil hacerlo al aire libre. En mi caso, me voy hasta una gran roca que queda al pie de una cornisa rocosa al borde de mi arroyo favorito. Voy tan a menudo que la he bautizado como "la roca de meditar". Sentada en esa piedra, con el agua fluyendo por tres costados, los patos que pasan chapoteando y las garzas que acechan a los peces por allí cerca, desaparece enseguida de mi mente la habitual cháchara incesante y me relajo del todo hasta alcanzar un estado de profundo sosiego. Hay otro sitio al que acudo con frecuencia para meditar en la naturaleza, un lugar que yo llamo "el regazo de la yaya". El regazo de la yaya es un recodo profundo y acogedor formado en la base de un inmenso tulípero. He bautizado al árbol como "la yaya", y su "regazo" me proporciona un lugar cómodo y seguro. Cuando canto o recito acurrucada contra el tronco de la yaya, noto que las vibraciones reverberan por todo el árbol y por mi cuerpo. Cuando el sendero que pasa cerca no está demasiado concurrido, me permito el placer de soltar unas cuantas rondas de "Om".

Si logras encontrar un lugar al aire libre cerca de donde vives y acudes allí a menudo a meditar, puede que descubras

—como me ocurre a mí— que es más fácil llegar a un estado meditativo con la ayuda de la naturaleza que hacerlo bajo techo. Tumbarte en una hamaca es también una manera espléndida de sumirte en una meditación horizontal mientras contemplas las nubes y las aves que te sobrevuelan.

Bailar es otro método muy potente para conectar con la naturaleza durante un paseo de baño de bosque. Puede ser divertido bailar cuando sopla el viento, sobre todo en otoño, cuando las hojas caen danzando en espiral hasta llegar al suelo. También me gusta bailar en bosques y campos de noche, cuando sale la luna.

Si practicas la terapia forestal con frecuencia —con o sin la práctica añadida de yoga, taichí, meditación o danza—, seguramente advertirás que los baños de bosque se convierten en una parte tan natural de tu vida que podrás practicarlos en cualquier sitio, hasta cuando paseas de camino al coche o cuando llevas a cabo cualquier tarea prosaica al aire libre. Hasta puedes, como hago yo, darte un baño de bosque de unos pocos minutos aprovechando que sacas la basura. Deja que tu corazón se emocione a la vista de las hojas secas de los robles, de color marrón rojizo, y de las bellotas caídas por el suelo. Escucha el canto familiar de algún pájaro posado en un árbol cercano o explora la fauna silvestre de la zona. Alégrate con el tiempo que los cielos te ofrezcan, ya sea sol, luna, nubes o viento. Es más que probable que, para cuando llegues al contenedor de basura, hayas entrado en una profunda ensoñación y te hayas empapado lo suficiente de nutrición natural para aguantar un buen rato más en casa ante la pantalla del ordenador.

HACER EJERCICIO

Hacer senderismo, pasear, correr, ir en bici, cuidar el jardín, montar a caballo, escalar, remar en piragua, navegar, nadar, hacer surf, esquiar, patinar, andar con raquetas de nieve y cualquier otra actividad que hagas al aire libre será buena para ti. Cuando haces ejercicio en plena naturaleza, absorbes hasta lo más hondo de tus pulmones oxígeno y todas las propiedades saludables que aportan el bosque, la montaña, el mar, el páramo, la pradera o el desierto.

Si dispones de poco tiempo, a lo mejor prefieres combinar ejercicio al aire libre con baños de bosque. Yo muchas veces dedico un rato a ir en bici o a andar a paso aeróbico y otro rato a la terapia forestal, ya sea sentándome en el regazo de la yaya o en la roca de meditar o paseando lentamente por el bosque y observando mucho más que lo que percibiría si caminase a paso más vivo.

Los alpinistas, escaladores y ciclistas de montaña disfrutan de muchos momentos de baño de bosque, puesto que surgen de manera natural cuando practican su deporte. Durante una escalada dura o una ruta ciclista exigente, detenerse a absorber la belleza de las vistas es una recompensa por el esfuerzo realizado. Mientras te maravillas al ver el paisaje, las nubes, las aves y el movimiento del aire en la ladera o en la cima, sueles experimentar una sensación de comunión con el entorno.

Pasear al perro también ofrece muchas oportunidades para darte un baño de bosque, sobre todo si le sigues la corriente a tu mascota. Mi compañera y mentora Nadine Mazzola, guía de terapia natural y forestal, organiza baños de bosque cerca de Boston para gente que va con su perro. Los participantes aprenden a incrementar su conciencia y su curiosidad, dejándose guiar por sus perros.

ARTE Y ESCRITURA EN EL BOSQUE

Caminar por el bosque ayuda a fortalecer el músculo de la creatividad. Algunas de mis mejores ideas para escribir se me ocurren cuando estoy en plena naturaleza. Debo confesar que me he aficionado a apuntarlas en la aplicación "Notas" de mi iPhone. Para cualquiera que tenga una vena creativa —es decir, todo el mundo— la naturaleza es una musa muy poderosa.

Hay quien opta por crear arte a partir de la propia naturaleza. El artista británico Andy Goldsworthy, que vive en Escocia, ha llevado hasta las más altas cotas el arte de trabajar con piedras, mareas y todo lo efímero del mundo natural para crear imponentes obras de arte a la intemperie, que muchas veces están destinadas a desaparecer. Pero no hace falta que seas un genio creativo para emular algunas de las técnicas de Goldsworthy y mejorar tu relación con la naturaleza. Se puede trabajar con piedras, pétalos, hojas, plumas, semillas aladas, palos, tierra, arena y agua para crear casas encantadas, flotas de barquitos y toda suerte de esculturas y obras creativas que acabarán desapareciendo por la acción de la lluvia o de la marea. Ese tipo de creaciones pueden componer una parte muy gratificante de cualquier paseo de baño de bosque.

Llevar un diario naturalístico es otro aliado natural de la terapia forestal. Dibujar y escribir in situ sobre tu entorno y todo aquello que presencias sirve para incrementar la sensibilidad hacia la vida que te rodea. Tina Thieme Brown, amiga mía y artista con quien he copublicado dos libros sobre una montaña cercana, anima a sus alumnos a experimentar el dibujo como una "manera de ver la naturaleza". Antes de dibujar les sugiere que observen con detenimiento cómo está construida una hoja y les explica: "A medida que el ojo va recorriendo la forma y luego le sigue el lápiz, cobras conciencia de la original disposición de las nervaduras y otros detalles de cada hoja. Sentarte con el cuaderno y centrarte en una hoja adquiere una cualidad meditativa que te brinda unos instantes durante los cuales puedes dejar de lado todo lo demás y permitir que tu lápiz y tu mirada recorran la forma".

Otra amiga creativa, Kate Maynor, conservadora del Museo Smithsoniano de Arte Americano, me contó unas cuantas técnicas maravillosas para llevar un diario naturalístico que había aprendido trabajando en el terreno con John (Jack) Muir Laws, conocido naturalista y promotor del dibujo de naturaleza que reside en California. En una sesión de tres horas que hicimos en una isla cercana, Kate me enseñó a combinar dibujo y escritura en las páginas del cuaderno, junto con datos del tiempo y del emplazamiento, para generar un diario de nuestra experiencia en la naturaleza.

Utilizamos tres proposiciones (qué observo, qué me pregunto, a qué me recuerda) para centrarnos y profundizar en nuestras observaciones sobre las plantas y el entorno. Tina y Kate me sugirieron que llevase conmigo un cuaderno cuando salía al bosque. Cuando tengo tiempo, me lo llevo a la roca de meditar o al regazo de la yaya, donde me siento a dibujar y escribir sobre lo que veo.

La naturaleza y la poesía han ido de la mano desde siempre, por supuesto. A mucha gente le gusta escribir poemas inspirados en la naturaleza y, por ejemplo, estar en el bosque se presta mucho a escribir *haikus*. También los ratos pasados en la naturaleza pueden inspirarte para escribir canciones.

CELEBRACIONES ESPECIALES

Puedes animar cualquier celebración al aire libre introduciendo en ella uno o varios elementos de los baños de bosque.

Al reconocer y valorar la belleza de tu entorno a través de la poesía, la música y la danza o mediante momentos de reflexión y conciencia, puedes añadirle significado y aportarle encanto a cualquier ceremonia de boda, aniversario, fiesta de cumpleaños u otra ocasión especial. Y hay días del ciclo anual que se prestan a la celebración de los cambios estacionales: el primer día de cada estación (los solsticios de invierno y verano y los equinoccios de primavera y otoño) y los días festivos que quedan justo entre ellos (los primeros de mayo y de agosto, la víspera de San Juan, el día de Todos los Santos o Halloween en noviembre o la Candelaria en febrero). A los niños les encanta celebrar estas fiestas estacionales con reuniones y rituales divertidos.

Aparte de las celebraciones formales de la naturaleza, hay momentos relacionados con ella que forman parte integral de la vida de cada uno. Casi todas las experiencias de significado profundo de mi vida están cargadas de belleza natural. En la introducción ya he mencionado algunos de los recuerdos de mi infancia y me alegra poder decir que esas vivencias imborrables en la naturaleza se han prolongado en mi vida adulta.

En cuanto a la adolescencia, la mía se produjo antes del auge de los centros comerciales y de las redes sociales, así que casi todos mis recuerdos de amores juveniles se arraigan en la fantasía y el folclore natural. Y me gustaría que también fuese así para los jóvenes de hoy y de mañana.

En la actualidad, mi vida personal, social y profesional gira en torno a la naturaleza. Tengo mis momentos de *Waldeinsamkeit*, de profunda ensoñación y ensimismamiento en la naturaleza. Y también conozco a mucha gente en el bosque —tanto encuentros casuales con amigos como con desconocidos que se convierten en amigos—, así como en los paseos naturalísticos y de terapia forestal programados. Y escribo libros sobre naturaleza, que es lo que suelo hacer cuando estoy metida en casa frente al ordenador o, si hace bueno, en la mesa del jardín con el portátil.

ACTIVIDADES COMPATIBLES

- Yoga, taichí y meditación
- Creaciones efímeras, dibujo y escritura en un diario, escribir poesía y canciones
- Ejercicio al aire libre
- Celebraciones especiales, formales e informales

EL BAÑO DE BOSQUE, UNA TERAPIA PARA TODAS LAS EDADES

Los baños de bosque son una práctica beneficiosa para la salud, que puede disfrutarse a cualquier edad. A los niños con poca motivación les sirven para conectar con la naturaleza, y les basta para ello con tener la oportunidad de explorar con libertad.

Nunca deja de sorprenderme la manera de reaccionar de los niños cuando disfrutan de cierta libertad en un paraje natural salvaje o semisalvaje. Corren por el bosque, se encaraman a cualquier roca o árbol que encuentran, y se les ocurren juegos y actuaciones teatrales de lo más variopinto e imaginativo. Si estás con niños, te sugiero que te limites a seguirles el juego y a participar según sus normas... o a hacerte a un lado y dejarlos jugar a su aire. Por lo general, la única motivación que les aporto a los niños cuando estoy con ellos en el bosque es presentarles alguna actividad: que jueguen a hacer carreras de palitos en un arroyo o que recojan semillas aladas, llamadas sámaras, y que las arrojen desde un puente para verlas caer girando lentamente hasta el agua.

Si tu intención es hacer algo más organizado con niños, céntrate en alguna actividad más fantasiosa o mágica. Las búsquedas de tesoros siempre les atraen, y les encantan los juegos teatralizados en el bosque, donde pueden imaginarse que son criaturas silvestres. A los niños les encanta también fabricar casitas y obras de arte efímero con palos, piedras, hojas y otros objetos que encuentran en la naturaleza.

Si se trata de niños que se han criado en un ambiente estrictamente urbano y con poco acceso a zonas verdes, tal vez necesiten un aporte extra de seguridad para que se sientan a salvo y cómodos si los llevas a alguna zona salvaje o semisalvaje. Fíjate con atención en sus reacciones y proporciónales la seguridad que necesitan para que sientan que pueden explorar con libertad. Pasear por algún paraje cerca de casa, con el que estén algo familiarizados, probablemente sea lo mejor para que exploren la naturaleza, siempre y cuando se trate de un entorno seguro.

ADOLESCENTES

Me llena de asombro de qué manera tan rápida y brillante se han adaptado los adolescentes a los baños de bosque. Me pidieron unos profesores de un programa ecológico mundial que organizase dos paseos de terapia natural para alumnos de secundaria durante dos días consecutivos, en una montaña cercana. En cuanto llegamos a la cima del monte, los veinticinco alumnos del primer grupo se acomodaron sobre las rocas, tumbándose bocabajo y bocarriba, como Pedro por su casa. Respondieron a todas mis invitaciones y accedieron de buen grado a participar en el círculo con el bastón de turno, donde compartieron reflexiones personales sobre la naturaleza con total facilidad y naturalidad.

Al segundo grupo, de cuarenta alumnos, le costó algo más entrar en la dinámica de los baños de bosque. Ese día hacía viento y frío, y muchos de ellos no vinieron adecuadamente vestidos para aquel tiempo. Varios de los chavales se negaron a hablar con el bastón de turno y se burlaron abiertamente de la actividad cuando les tocó su turno. No obstante, hasta los más escépticos permanecieron en silencio mientras sus compañeros contaban sus reflexiones y, al cabo de un rato, todo el mundo se sintió a gusto con las invitaciones y las rondas de compartir pensamientos. Cuando por fin bajamos de la cumbre de la montaña, a todos se los veía relajados y contentos.

Dirigir paseos para adolescentes fue una experiencia conmovedora. Durante aquellos paseos, me di cuenta de lo estresados que están los adolescentes en nuestro mundo de incertidumbres y sobrecarga de actividades, en el que pasan tantísimo tiempo conectados y absortos en las redes sociales. Para ellos puede ser una liberación alejarse de las aulas y desconectar en un paraje de belleza natural, en el que lo único que se espera de ellos es que disfruten de su entorno y que compartan su experiencia con sus compañeros.

MAYORES CON MOVILIDAD REDUCIDA

Para las personas mayores, que están justo al extremo final del espectro de edades, los baños de bosque son fuente de consuelo y regocijo. Deberíamos fomentar que se instalasen senderos accesibles de baños de bosque, adaptados para caminar y para sillas de ruedas, cerca de hospitales y residencias de ancianos de todo el mundo. Cuando mi suegro sufría los rigores de la enfermedad de Alzheimer, le alegraba sobremanera ir a visitar los árboles en su silla de ruedas, incluso en los días de frío más atroz. Yo empujaba su silla hasta ponerlo al lado del tronco y que así pudiera tocar la corteza con las manos enguantadas. Estrujaba puñados de agujas de pino y de abeto para que pudiera inhalar su agradable y saludable fragancia.

A quienes se acercan al final de su vida les puede resultar reconfortante sentir de cerca parte de la naturaleza. Si has vivido hasta una edad muy avanzada, sin duda habrás obtenido cierta sabiduría sobre el valor de vivir el presente y de gozar de los placeres más sencillos de la vida. Sentirse parte de la red de los seres vivos puede lograr sacar a algunas personas mayores del aislamiento en el que están sumidas e iluminarlas con la alegre luz de la naturaleza.

CONVALECENCIA TRAS UNA ENFERMEDAD O UNA OPERACIÓN

Me he enterado de que muchos médicos y terapeutas quieren usar técnicas de terapia forestal para ayudar a pacientes convalecientes de alguna enfermedad u operación y también a quienes sufren de depresión, adicciones, dolor crónico y discapacidades de muchas clases. Según la doctora Suzanne Bartlett Hackenmiller, a la vez médica y guía acreditada de terapia forestal, hay estudios que demuestran que los pacientes hospitalarios que disfrutan de vistas verdes y posibilidad de paseos por algún jardín tienden a recuperarse con mayor rapidez. Ahora que hemos recopilado tantos datos que corroboran los beneficios físicos, mentales y emocionales de dedicar tiempo a estar en contacto con la naturaleza, podemos servirnos de ese conocimiento de muchas y muy creativas maneras para propiciar la curación y la recuperación.

Ya hay algunos doctores que escriben "Naturaleza" en sus talonarios de recetas y que hasta sugieren a sus pacientes que visiten determinados parques cercanos a su domicilio. Esto es solo el principio en lo que respecta a integrar los baños de bosque en nuestros sistemas de salud.

SUPERAR DUELOS, PENAS Y PROBLEMAS

Los baños de bosque ayudan a solventar problemas y a superar penas. Cuando te enfrentas a algún problema cuya solución no es fácil, a veces lo mejor que puedes hacer es darte un paseo por el bosque. Intenta apartar de tu mente los pensamientos obsesivos, algo que se consigue con facilidad en presencia de árboles y cursos de agua. Puede que te sorprenda que muchas veces la orientación que necesitas parece materializarse en el aire del bosque. Yo para esto confío un poco en el misticismo y pienso que todos debemos admitir lo poco que sabemos en realidad sobre los árboles y cómo se conectan con el resto del bosque. Estamos aprendiendo que los árboles y otras plantas se comunican entre sí a través de los compuestos volátiles que emiten al aire y de las redes fúngicas que los conectan a través de sus raíces. Comparten unos con otros información para protegerse de plagas invasoras y de patógenos e incluso comparten nutrientes bajo tierra. Tal vez los árboles puedan compartir también con nosotros algo de su sabiduría y de esos cuidados mutuos.

La naturaleza puede ser de gran consuelo cuando nos enfrentamos al dolor de una pérdida y mitiga nuestra tristeza con ayuda de su ternura y su belleza. He estado con gente en el bosque que ha sentido que los espíritus de sus seres queridos fallecidos los visitaban a través de pájaros, árboles y otros seres vivos silvestres. Rendirse ante estos misterios brinda consuelo y la certeza de que, pese a que muchas cosas quedan más allá de nuestra comprensión consciente, no estamos solos.

BAÑOS DE BOSQUE PARA TODAS LAS EDADES

- Baños de bosque con niños: deja que tomen la iniciativa o sugiere actividades de grupo basadas en la fantasía y la magia

- Baños de bosque con adolescentes: agradecen el alivio del estrés

- Baños de bosque con personas mayores: en los senderos accesibles se pueden acercar a los árboles y a las flores con su silla de ruedas

- Los baños de bosque ayudan a recuperarse de enfermedades, operaciones, depresión y adicciones

- La naturaleza puede ayudar a resolver problemas y a superar duelos

CUIDAR DEL BOSQUE

Cuando consideramos que algún paraje natural cercano es nuestro "hogar silvestre", tiene todo el sentido del mundo que nos surja de manera natural el deseo de protegerlo de cualquier daño. Hacerlo puede implicar acciones que van desde recoger la basura y eliminar plantas invasivas hasta convertirnos en activistas para evitar cualquier clase de plan o proyecto que pueda dañarlo. ¿Has oído alguna vez el lema conservacionista que dice "Protegemos aquellos que amamos"?

Debo confesar que, probablemente como la mayoría de la gente, nunca me ha gustado ir al bosque con una bolsa de basura vacía y cargar con ella de vuelta, llena de desechos. Pero esa se volvió una labor mucho menos penosa cuando la reformuló Amos Clifford, mi mentor en terapia forestal y fundador de la Association of Nature and Forest Therapy Guides and Programs, además de autor de *Your Guide to Forest Bathing*. Amos denomina "atender a la naturaleza" al hecho de recoger basura, eliminar malas hierbas y cualquier otra acción de cuidado del entorno natural. Se inspiró para ello en la sabiduría de las tribus nativas americanas de California, su estado natal, que llevan siglos atendiendo a la naturaleza, desde mucho antes de los primeros contactos con los europeos. Esa atención es un concepto que suena tanto a procurar cuidados que me ayudó a disfrutar de hacer cosas que, aun siendo necesarias, carecen del más mínimo atractivo. Cuando "atiendo" a la roca de meditar, que está ubicada en el recodo de un arroyo donde quedan atascadas las botellas de plástico que flotan corriente abajo, la tarea la hago con mucho más cariño que si simplemente "recogiera basura".

Cuidar de los parajes que amamos nos sensibiliza ante las necesidades de atención de otros lugares situados más allá de nuestros horizontes. Por ejemplo, el arroyo que cruza mi hogar silvestre tiene otra vida aguas arriba, donde sus afluentes manan de la tierra, y aguas abajo, donde desemboca en otro río y este, a su vez, en una bahía. El zorzal manchado, un pájaro de canto aflautado que anida en nuestros bosques cada primavera, necesita acudir a un hogar silvestre en los trópicos durante el invierno y un tránsito seguro durante su migración. Si se destruyen los árboles de su hogar invernal o si el cambio climático interfiere en el calendario anual de sus fuentes de alimento a lo largo de su trayectoria migratoria, el ave no sobrevivirá ni regresará a anidar en estos bosques templados en primavera.

Cuando caminas muy despacio por el bosque en los paseos de terapia forestal, entras en armonía con toda la vida que te rodea con el corazón abierto. Y un corazón abierto a la naturaleza es un corazón que anhela un cuidado atento de toda la vida que habita en la Tierra. Cuando nos convertimos en cuidadores de nuestros hogares silvestres, nos convertimos, por extensión, en cuidadores del mundo entero.

Por otra parte, Amos recomienda que no "atendamos" siempre que acudimos a nuestros parajes habituales. Me contó una experiencia que tuvo en un bosque de secuoyas que hay cerca de donde vive: "Tras pasarme años recogiendo basura y cuidando del bosque cada vez que lo visitaba, un día estaba descansando apoyado en un árbol cuando escuché que ese árbol, y también los demás árboles cercanos, 'me decían' que apreciaban mi esfuerzo por atenderlos, pero que querían que a veces acudiese por puro disfrute y solo para regalarles mi compañía. Cuando empecé a hacerlo, aquello supuso un verdadero cambio en mi relación con el bosque: tuve la impresión de que empezaba a ver el bosque de una manera distinta".

No hace falta que nos dediquemos a cuidar del bosque cada vez que nos adentremos en él, o puede ocurrir que olvidemos que el mero goce de la belleza natural es un derecho que tenemos todos. Como administradores o cuidadores sensibles, es importante que nos despojemos de cualquier culpabilidad que podamos albergar para disfrutar plenamente de la comunión con la naturaleza en los baños de bosque. Cuando nos rendimos ante la belleza de un momento y un lugar, puede que nos asombre descubrir que la naturaleza nos acoge a su vez amablemente, aunque hayan pasado años desde la última vez que estuvimos allí. Cuando estamos en el bosque, respiramos, pertenecemos a él.

Cuando reconectamos con la naturaleza en los baños de bosque en provecho de nuestra salud y felicidad, pasamos a formar parte de una comunidad global que celebra y cuida del planeta.

(RE)EMPRENDE TUS BAÑOS DE BOSQUE

¿Todo listo para dar tus primeros pasos en los baños de bosque? O tal vez sea más acertado preguntar: ¿todo listo para reemprender tus exploraciones del mundo natural con paso más pausado y poniendo en ello todos los sentidos?

Espero que Lieke y yo te hayamos convencido de que no hace falta que vayas a los Alpes japoneses para experimentar los misteriosos placeres de los baños de bosque. No tienes más que salir por la puerta de tu casa y abrir tu mente y tu corazón al mundo de maravillas naturales que te espera. Desde las nubes del cielo hasta las flores que se abren paso a través de las grietas de la acera, vivas donde vivas, la naturaleza está lista para acogerte.

¡Felices baños de bosque!

CUIDAR DEL BOSQUE

🌿 Cuida de tu "hogar silvestre" recogiendo basura y atendiendo a otras necesidades de la naturaleza

🌿 Fomenta políticas forestales saludables

🌿 Haz lo que puedas y despójate de toda culpa para disfrutar plenamente de la belleza y el encanto del tiempo que pasas en la naturaleza

🌿 Forma parte de una comunidad global de cuidadores del medio ambiente

🌿 Abre tu corazón a la belleza de tu bosque o espacio natural cercano y también del planeta entero

LECTURAS RECOMENDADAS Y NOTAS

AGRADECIMIENTOS

Gracias a mis mentores, colegas y amigos del mundo de los baños de bosque, con mi agradecimiento expreso para Kazuhiro Kouriki, Tounoki Akira, el doctor Yoshifumi Miyazaki y su equipo de investigación de Japón; Amos Clifford, Michele Lott, Michael Stusser, Jamie Trost, Meg Mizutani, Nadine Mazzola, Clare Kelley, Dana Galinsky-Malaguti, la doctora Suzanne Bartlett Hackenmiller y a todos mis colegas de ANFT Cohort Six en Estados Unidos y Canadá. Gracias en especial a Andrea Brown, Shawn Walker y a mis leales y perspicaces lectores: Jim, Sophie y Jesse Choukas-Bradley, Michael Choukas Jr., Ellie Anderson, Hill Anderson, Carole Bergmann, Tina Thieme Brown, Terrie Daniels, Kate Maynor y Susan Austin Roth. Gracias a Rage Kindelsperger, directora editorial de Rock Point, por su visión creativa, y a Keyla Hernández y Heather Rodino por su esmerada edición. Gracias a mi agente literaria, Marilyn Allen, por su inspiración y sus consejos. Y muchas gracias a Lieke van der Vorst por sus ilustraciones, tan sensibles y evocadoras.

LECTURAS RECOMENDADAS

Carson, Rachel, *El sentido del asombro*, Barcelona: Encuentro, 2012.

Choukas-Bradley, Melanie, *A Year in Rock Creek Park: The Wild, Wooded Heart of Washington, DC*. Fotografías de Susan Austin Roth. Staunton, VA: George F. Thompson Publishing, 2014.

Clifford, Amos, *Baños de bosque: Siente el poder curativo de la naturaleza, vive el 'shinrin-yoku'*, Málaga: Sirio, 2018.

Laws, John Muir, *The Laws Guide to Nature Drawing and Journaling*, Berkeley: Heyday, 2016.

Li, Qing, *El poder del bosque. Shinrin-yoku: Cómo encontrar la salud y la Felicidad a través de los árboles*, Barcelona: Roca Editorial, 2018.

Miyazaki, Yoshifumi, *Shinrin Yoku: The Japanese Art of Forest Bathing*, Portland: Timber Press, 2018.

Oliver, Mary, *Devotions—The Selected Poems of Mary Oliver*, Nueva York: Penguin Press, 2017.

Smiley, Nina, y David Harp, *Mindfulness in Nature*, Hatherleigh Press, 2017.

Thoreau, Henry David, *Walden*, Madrid: Errata Naturae, 2013. Publicado originalmente en 1854.

Williams, Florence, *La dosis natural. Por qué la naturaleza nos hace* más felices, más sanos y más creativos, Buenos Aires: Paidós, 2017. Libro digital, EPUB.

Wohlleben, Peter, *La vida secreta de los árboles*, Barcelona: Obelisco, 2016.

SOBRE LA AUTORA

Melanie Choukas-Bradley creció en una zona rural de Vermont, donde se perdía por bosques y campos y donde, a principios de primavera, robaba la savia dulce de los cubos colocados en los arces azucareros plantados en las orillas de los caminos de tierra. Vive actualmente con su marido, Jim, en Washington D.C. Tienen dos hijos adultos. Melanie escribe libros y dirige paseos de baños de bosque, recorridos naturalísticos y rutas sobre árboles tanto a pie como en bici y en kayak. Es la premiada autora de *A Year in Rock Creek Park*, *City of Trees* y de dos libros sobre el monte Sugarloaf, en Maryland. Melanie es guía de terapia forestal y natural acreditada por la Association of Nature and Forest Therapy Guides and Programs. En octubre de 2017 recorrió todo Japón en un viaje de terapia forestal.

SOBRE LA ILUSTRADORA

Lieke van der Vorst creció en Kaatsheuvel, un pueblecito de Holanda. Cada verano, sus padres metían en el coche su tienda De Waard y conducían trece horas hasta la Provenza francesa para acampar entre plantaciones de lavanda. Esos viajes a la naturaleza fueron la mayor influencia en su vida y en su trabajo. Tratar con cariño a los animales y al medio ambiente se volvió una parte importante de su visión del mundo. Pretende con sus ilustraciones ejercer un efecto positivo en el mundo y ayudar a los demás a ser humildes y honestos. Practica la vida en verde todo lo que puede.

Puedes seguirla en Instagram: @liekevandervorst

NOTAS

[1] John Muir, *My First Summer in the Sierra*, St. Louis, Mo:
J. Missouri, 2018, pág. 106. Publicado originalmente en 1911.
Pasaje escrito el 31 de julio de 1869.

[2] Mary Oliver, *Devotions: The Selected Poems of Mary Oliver*,
Nueva York: Penguin Press, 2017, págs. 347 *(Wild Geese)* y 123
(When I Am Among the Trees).

[3] Wendell Berry, *The Selected Poems of Wendell Berry*,
Berkeley: Counterpoint, 1998, pág. 30 *(The Peace of Wild
Things)*.

[4] John Muir, *John of the Mountains: The Unpublished Journals
of John Muir*, editado por Linnie Marsh Wolfe, Madison:
University of Wisconsin Press, 1938; reeditado en 1979,
pág. 439.

[5] John Muir, "Mormon Lilies", *San Francisco Daily Evening
Bulletin*, 19 de julio de 1877; reimpreso en *Steep Trails* (1918),
capítulo 9.

[6] Theodore Roosevelt, *African Game Trails*, Arcadia Press, 2017, pág. 5. Publicado originalmente en 1910.

[7] Henry David Thoreau, *The Journal 1837-1853*, Nueva York: New York Review of Books, 2009, pág. 220.

[8] John Muir, *Our National Parks*, Boston y Nueva York: Houghton Mifflin, y Cambridge: The Riverside Press, 1901.